AF503202

DÉPÔT LÉGAL
2018
1862

SOLFÉGE NATIONAL

OU

COURS ÉLÉMENTAIRE

DE

MUSIQUE VOCALE

PAR

P. GUERRE

Auteur de l'INTONATION MUSICALE, ou l'*Étude des Dièses et des Bémols réduite à sa plus simple expression*,
et du SYLLABAIRE DES FAMILLES

FORMULES MUSICALES ET EXERCICES PRATIQUES D'INTONATION ET DE RHYTHME

EXTRAITS DE LA PREMIÈRE PARTIE DU *SOLFÉGE NATIONAL*

A PARIS

CHEZ L'AUTEUR, SQUARE CLARY, 5

ET CHEZ COLOMBIER, ÉDITEUR DE MUSIQUE

RUE VIVIENNE, 6, AU COIN DU PASSAGE VIVIENNE

1862

Vm8 396

Tout exemplaire non revêtu de la signature de l'Auteur sera réputé contrefait.

MUSIQUE TYPOGRAPHIQUE

DE TANTENSTEIN

8, rue Neuve des Petits-Champs.

Paris. — Imprimerie Pinard, Cour des Miracles, 9.

AVERTISSEMENT.

Toutes les questions qui se rattachent à la théorie élémentaire de la musique, et qui sont traitées dans la première partie du *Solfége national*, s'adressent surtout aux professeurs, en ce qui concerne la description des nouveaux moyens d'enseignement; elles s'adressent, en outre, aux intelligences exercées qui aiment à approfondir les sujets dont elles s'occupent. Mais, ainsi que nous l'avons fait remarquer dans plusieurs passages, et notamment dans la note sur l'application des Livres 1 et 2 du *Solfége national* à l'enseignement primaire (1re partie, page 181), c'est par des faits qu'il faut commencer l'instruction de la jeunesse, la pratique devant précéder la théorie.

D'un autre côté, la propagation d'une idée que nous croyons utile semble devoir être favorisée par la réduction de la dépense qu'elle imposera aux élèves. Cette réduction permettra aux lycées, aux institutions, aux écoles, en un mot à tous les établissements chargés de l'instruction de la jeunesse, de faire l'application de notre système d'enseignement avec le moins de frais possibles.

Ces considérations nous ont décidé à extraire de [la première partie du *Solfége national* les exercices d'Intonation et de Rhythme, les seuls nécessaires aux jeunes élèves pour l'étude pratique de ces deux éléments principaux de la lecture musicale. Nous avons complété ces extraits par les exercices spéciaux de lecture du nom des notes sur la portée. Ces exercices séparés laissent au professeur le soin de discerner les points de la théorie que le développement intellectuel de ses

4

élèves lui permet d'enseigner. Pour les enfants, surtout au commencement de l'étude, il convient, en général, de se borner à la démonstration de ce que l'intelligence des signes graphiques de notre système musical rend indispensable. Ce qui précède explique pourquoi ces exercices ne sont accompagnés d'aucune instruction sur la manière de les étudier.

Nous devons insister sur cette remarque, afin de prémunir le lecteur contre une appréciation erronée du but de cette publication. Ces exercices ne doivent servir qu'aux élèves dirigés par un professeur connaissant les principes et les procédés de notre enseignement tels qu'ils sont décrits dans la première partie du *Solfége national*:—En étudiant ces exercices autrement, on s'exposerait à suivre une ausse route, dont le moindre inconvénient serait de ne conduire que lentement à des résultats plus ou moins incomplets, au lieu d'obtenir un prompt succès en se conformant à la manière de les étudier décrite dans le *Solfége*.

Les exercices reproduits ici sont les suivants :

1° *Formules et exercices d'intonation dans tous les Tons majeurs et mineurs;* pages . . . . 5 à 42
2° *Formules ou exercices rhythmiques;* pages . . . . 43 à 50
3° *Exercices pour acquérir de la volubilité à la lecture des notes sur la portée;* pages . . . . 51 et 52

La pagination de ces exercices est indiquée sur le côté supérieur de chaque page; les numéros placés au milieu sont ceux des pages de la première partie du *Solfége national* où se trouvent les mêmes exercices.

EXERCICES PRATIQUES

D'INTONATION MUSICALE.

IER TABLEAU.

AU LIEU DE : Malbrough s'en va-t-en guer-re, mironton, mi-ron-ton, mirontai-ne,
CHANTEZ . . *Sol si si si la ut si ut si la la la la sol la si sol.*
OU BIEN. . . *Ut mi mi mi ré fa mi fa mi ré ré ré ré ut ré mi ut.*

EXERCICES.

NOTA. — Les points placés au-dessus ou au-dessous des syllabes ont la même signification qu'avec les chiffres (Voir la note page 14).

1. Sol la sol | sol la si | sol si | sol la si | si la sol | si la si | si la sol | si sol |
si la sol la si la sol ‖

2. Sol la si | la si sol | si sol la | la sol si | sol si la | si la sol ‖

3. Sol la si ut | sol ut | sol la si | sol si | sol la si ut | sol ut | sol la si ut |
ut si la sol | ut si ut | ut si la | ut la | ut si la sol | ut sol ‖ (*Etudier le n° 27*).

4. Ut ré mi fa | fa mi ré ut | fa mi fa | fa mi ré | fa ré | fa mi ré ut | fa ut ‖

5. Ut si la sol | sol la si ut ut ré mi fa | fa mi ré ut | fa ut ‖

6. Sol la si ut ré | sol ré sol | sol la si ut ré ré ut si la sol | ré sol ‖

7. Sol | ré ut si la sol | ré sol ré | ré ut si la sol sol la si ut ré | sol ré sol ‖

8. Ré ut ré | ré ut si | ré si ré | ré ut si la | ré la ré | ré ut si la sol | ré sol ré | sol ‖

9. Sol la si ut ré mi | sol mi sol | sol la si ut ré mi mi ré ut si la sol | mi sol mi |
mi ré ut si la sol | mi sol mi | mi ré ut si la sol sol la si ut ré mi | sol mi sol ‖

10. Sol la si ut ré | ré ut ut ré | ré ut si | ré si ré | si ut ré | ré ut si la | ré la ré |
la si ut ré | ré ut si la sol | ré sol ré | sol la si ut ré ut si la sol ‖ (*Etudier le n° 28*).

11. Ut ré mi fa sol | ut sol ut | ut ré mi fa sol sol fa mi ré ut | sol ut ‖

12. Sol la si ut ré mi | mi ré ré mi | mi ré ut | mi ut | ut ré mi | mi ré ut si |
mi si mi | si ut ré mi | mi ré ut si la | mi la mi | la si ut ré mi |
mi ré ut si la sol | mi sol mi | sol la si ut ré mi | sol mi sol ‖ (*Etudier le n° 29*).

13. Sol la si | la si la | la si ut | si ut si | si ut ré | ut ré ut | ut ré mi | ré mi ré | mi ré ut |
ré ut ré | ré ut si | ut si ut | ut si la | si la si | si la sol | la sol la | la sol la | sol ‖

14. Sol la si | la si ut | si ut ré | ut ré mi | mi ré ut | ré ut si | ut si la | si la sol sol ‖

15. Sol la si | sol si | si ut ré | si ré | sol si ré | sol ré | ré ut si | ré si | si la sol | si sol |
ré si sol | ré sol ‖

16. Sol la si ut | sol ut | ut ré mi | ut mi | sol ut mi | sol mi | mi ré ut | mi ut | ut si la sol | ut sol | mi ut sol | mi sol ‖

17. Sol la si | sol si | si ut ré mi | si mi | sol si mi | sol mi | mi ré ut si | mi si | si la sol | si sol | mi si sol | mi sol ‖

18. Ut si la la si ut | la ut | ut ré mi | ut mi | la ut mi | la mi | mi ré ut | mi ut | ut si la | ut la | mi ut la | mi la ‖

19. Ut ré mi fa sol | sol fa fa sol | sol fa mi | sol mi sol | mi fa sol | sol fa mi ré | sol ré sol | ré mi fa sol | sol fa mi ré ut | sol ut sol | ut ré mi fa sol fa mi ré ut ‖

20. Sol la si | sol si | la si ut | la ut | si ut ré | si ré | ut ré mi | ut mi | ré mi fa | ré fa | mi fa sol | mi sol | sol fa mi | sol mi | fa mi ré | fa ré | mi ré ut | mi ut | ré ut si | ré si | ut si la | ut la | si la sol | si sol ‖

21. Sol | si la | ut si | ré ut | mi ré | fa mi | sol sol | sol mi | fa ré | mi ut | ré si | ut la | si sol ‖

22. Sol si | sol si ré | sol si ré fa | fa sol fa | fa ré | fa ré si | fa ré si sol | ut ‖

23. Ut sol ut | sol ut mi | sol ut mi sol | sol | sol mi | sol mi ut | sol mi ut sol | ut ‖

24. Ut ré mi fa sol la si ut | ut | ut si la sol fa mi ré ut ‖

25. Ut | mi ré | fa mi | sol fa | la sol | si la | ut ut | ut la | si sol | la fa | sol mi | fa ré | mi ut ‖

26. Ut mi | ut mi sol | ut mi sol ut | ut mi | ut mi sol | mi sol ut | ut sol | ut sol mi | ut sol mi ut | ut sol | ut sol mi | sol mi ut ‖

---

27. 1ʳᵉ *Formule à étudier après l'Exercice* nᵒ 3.

    Sol la si | sol si | si ut sol | ut si la | si la | ut la sol ‖

28. 2ᵉ *Formule à étudier après l'Exercice* nᵒ 10.

    Sol si sol | ré ré ré | ré la si | ut la | ré ré ut | si ré si | la si ut | ré sol ‖

29. 3ᵉ *Formule à étudier après l'Exercice* nᵒ 12.

    Sol si ré | mi ut mi ré | la mi | la si ut | mi si sol | mi si sol si | mi sol | si la sol ‖

30. 1ʳᵉ *Formule.*

    Ut ré mi | ut mi | mi fa ut | fa mi ré | mi ré | fa ré ut ‖

31. 2ᵉ *Formule.*

    Ut mi ut | sol sol sol | sol ré mi | fa ré | sol sol fa | mi sol mi | ré mi fa | sol ut ‖

32. 3ᵉ *Formule.*

    Ut mi sol | la fa la sol | ré la | ré mi fa | la mi ut | la mi ut mi | la ut | mi ré ut ‖

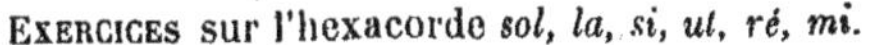

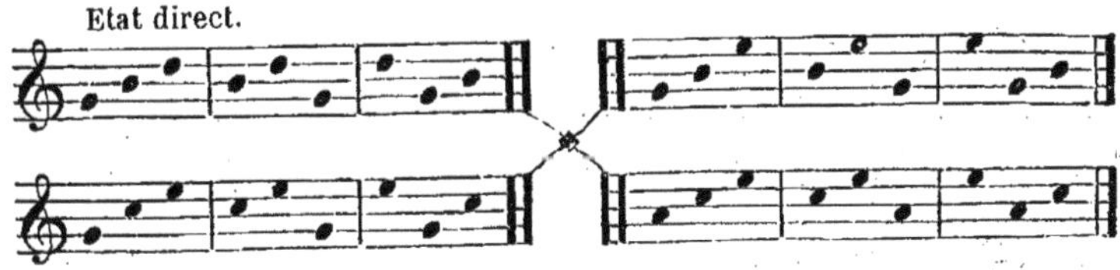

G. ACCORDS contenus dans l'hexacorde *sol, la, si, ut, ré, mi.*

Etat direct.

2ᴱ TABLEAU.

TON D'*UT* MAJEUR ET DE *LA* MINEUR.

A. Exercice sur les quatre notes *ut*, *ré*, *mi*, *fa*.

B. Exercice sur les cinq notes *ut*, *ré*, *mi*, *fa*, *sol*.

4ᵉ **Formule**, contenant les rapports de la note *mi* avec *ré*, *ut*, *si*, *la*.

5ᵉ **Formule**, contenant les rapports de la note *fa* avec *mi*, *ré*, *ut*, *si*, *la*.

D. Exercice sur les quatre notes *la*, *si*, *ut*, *ré*.

E. Exercice sur les cinq notes *la*, *si*, *ut*, *ré*, *mi*.

EXERCICES EN *UT* MAJEUR.

C. EXERCICE sur les six notes *ut*, *ré*, *mi*, *fa*, *sol*, *la*.

4 FORMULES (N° 6 à 9) contenant les rapports de *fa* avec les autres degrés de la gamme.

6.

7.

8.

9.

4 FORMULES (N° 10 à 13) contenant les rapports de *si* avec les autres degrés de la gamme.

10.

F. EXERCICE sur les six notes la, si, ut, ré, mi, fa.

11.

12.

13.

14e FORMULE, contenant les intervalles de septième et de quarte diminuées du mode mineur.

15e FORMULE, contenant les intervalles de seconde et de quinte augmentées du mode mineur.

G. ACCORDS

H. Accord de quinte mineure ou diminuée, combiné avec celui de tonique majeure.

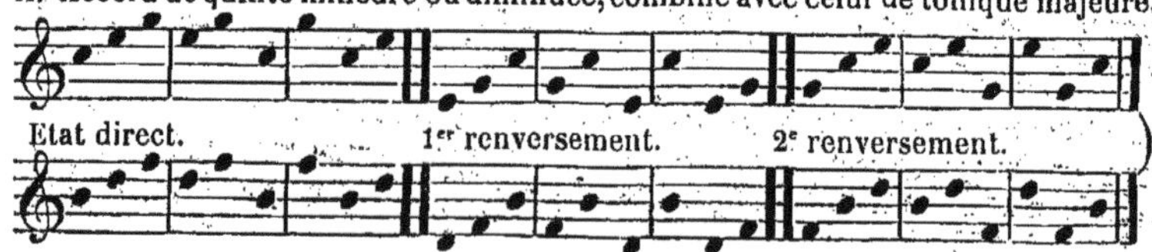

3ᴱ TABLEAU.

Fᴀ *majeur.*
Rᴇ́ *mineur.*

Fᴀ ♯ *majeur.*
Rᴇ́ ♯ *mineur.*

Formules 6 à 9, en *fa* majeur, contenant les combinaisons de la sous-dominante *si* ♭ avec les autres degrés de la gamme.

N° 6.

N° 7.

N° 8.

N° 9.

Formules N° 4, 5, 14 et 15, en *ré* mineur.

N° 4. Contenant les combinaisons de la note *la* avec *sol, fa, mi, ré.*

N° 5. Contenant les combinaisons de la note *si* ♭ avec *la, sol, fa, mi, ré.*

N° 14. Contenant la quarte et la septième diminuées du mode mineur.

N° 15. Contenant la seconde et la quinte augmentées du mode mineur.

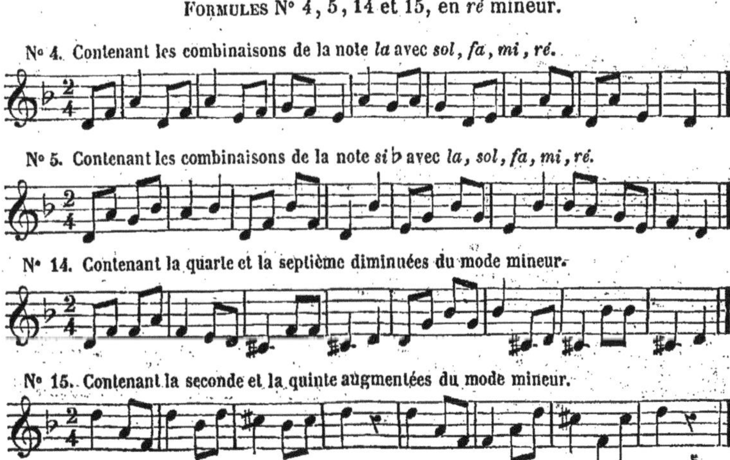

5

EXERCICES EN *FA* MAJEUR.

EXERCICES EN *FA MAJEUR*.

A.

Formules 10 à 13, transposées en *fa* ♯ majeur, contenant les combinaisons de la sensible *mi* avec les autres degrés de la gamme.

N° 10.

N° 11.

EXERCICES EN *RÉ* MINEUR.

G. ACCORDS

MAJEURS.   MINEURS.

H. Accord de quinte mineure ou diminuée, combiné avec celui de tonique majeure.

4ᴱ TABLEAU.

Sɪ ♭ *majeur.*
Soʟ *mineur.*

Sɪ *majeur.*
Soʟ ♯ *mineur.*

Fᴏʀᴍᴜʟᴇs 6 à 9, en *si* ♭ majeur, contenant les combinaisons de la sous-dominante *mi* ♭ avec les autres dégrés de la gamme.

Nº 6.

Nº 7.

Nº 8.

Nº 9.

Fᴏʀᴍᴜʟᴇs Nº 4, 5, 14 et 15, en *sol* mineur.

Nº 4. Contenant les combinaisons de la note *ré* avec *ut, si* ♭, *la, sol.*

Nº 5. Contenant les combinaisons de la note *mi* ♭ avec *ré, ut, si* ♭, *la, sol.*

Nº 14. Contenant la quarte et la septième diminuées du mode mineur.

Nº 15. Contenant la seconde et la quinte augmentées du mode mineur.

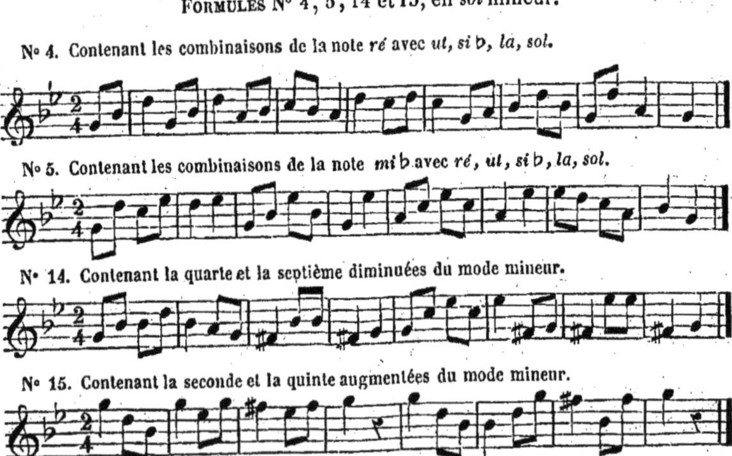

EXERCICES EN *SI* ♭ MAJEUR.

EXERCICES EN *SI* ♭ MAJEUR.

FORMULES 10 à 13, transposées en *si* majeur, contenant les combinaisons de la sensible *la* ♯ avec les autres degrés de la gamme.

EXERCICES EN *SOL* MINEUR.

G. ACCORDS

H. Accord de quinte mineure combiné avec celui de tonique majeure.

5ᴱ TABLEAU.

Mɪ ♭ *majeur.*   Mɪ *majeur.*
Uᴛ *mineur.*   Uᴛ ♯ *mineur.*

Fᴏʀᴍᴜʟᴇs 6 à 9, en *mi* ♭ majeur, contenant les combinaisons de la sous-dominante *la* ♭ avec les autres degrés de la gamme.

Nᵒ 6.

Nᵒ 7.

Nᵒ 8.

Nᵒ 9.

Fᴏʀᴍᴜʟᴇs Nᵒ 4, 5, 14 et 15, en *ut* mineur.

Nᵒ 4. Contenant les combinaisons de la note *sol* avec *fa, mi* ♭, *ré, ut.*

Nᵒ 5. Contenant les combinaisons de la note *la* ♭, avec *sol , fa, mi* ♭, *ré, ut.*

Nᵒ 14. Contenant la quarte et la septième diminuées du mode mineur.

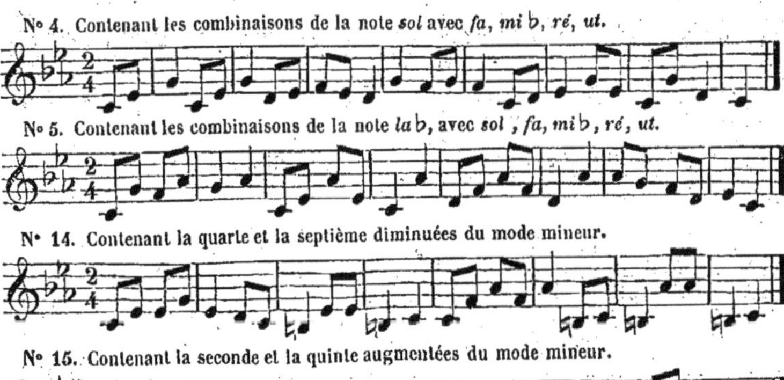

Nᵒ 15. Contenant la seconde et la quinte augmentées du mode mineur.

EXERCICES EN *MI* ♭ MAJEUR.

EXERCICES EN *MI* ♭ MAJEUR.

Formules 10 à 13, transposées en *mi* majeur, contenant les combinaisons de la sensible *ré* ♯ avec les autres degrés de la gamme.

EXERCICES EN *UT* MINEUR.

G. ACCORDS

H. Accord de quinte mineure combiné avec celui de tonique majeure.

6ᴱ TABLEAU.

La ♭ majeur.   La majeur.
Fa mineur.   Fa ♯ mineur.

FORMULES 6 à 9, en *la* ♭ majeur, contenant les combinaisons de la sous-dominante *ré* ♭ avec les autres degrés de la gamme.

Nº 6.

Nº 7.

Nº 8.

Nº 9.

FORMULES Nº 4, 5, 14 et 15, en *fa* mineur.

Nº 4. Contenant les combinaisons de la note *ut* avec *si* ♭, *la* ♭, *sol*, *fa*.

Nº 5. Contenant les combinaisons de la note *ré* ♭, avec *ut*, *si* ♭, *la* ♭, *sol*, *fa*.

Nº 14. Contenant la quarte et la septième diminuées du mode mineur.

Nº 15. Contenant la seconde et la quinte augmentées du mode mineur.

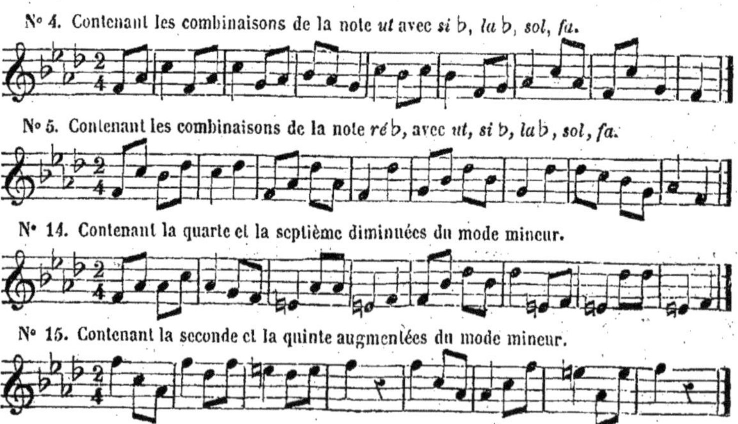

EXERCICES EN LA  MAJEUR.

EXERCICES EN *LA* ♭ MAJEUR.

FORMULES 10 à 13, transposées en *la* majeur, contenant les combinaisons de la sensible *sol* ♯ avec les autres degrés de la gamme.

EXERCICES EN *FA* MINEUR.

G. ACCORDS

H. Accord de quinte mineure combiné avec celui de tonique majeure.

7ᴱ TABLEAU.

Ré ♭ *majeur.*
Si ♭ *mineur.*

Ré *majeur.*
Si *mineur.*

FORMULES 6 à 9, en *ré* ♭ majeur, contenant les combinaisons de la sous-dominante *sol* ♭ avec les autres degrés de la gamme.

No 6.

No 7.

No 8.

No 9.

FORMULES Nº 4, 5, 14, et 15 en *si* ♭ mineur.

Nº 4. Contenant les combinaisons de la note *fa* avec *mi* ♭, *ré* ♭, *ut*, *si* ♭.

Nº 5. Contenant les combinaisons de la note *sol* ♭ avec *fa*, *mi* ♭, *ré* ♭, *ut*, *si* ♭.

Nº 14. Contenant la quarte et la septième diminuées du mode mineur.

Nº 15. Contenant la seconde et la quinte augmentées du mode mineur.

EXERCICES EN *RÉ* ♭ MAJEUR.

EXERCICES EN *RÉ* ♭ MAJEUR.

Formules 10 à 13, transposées en *ré* majeur, contenant les combinaisons de la sensible *ut* ♯ avec les autres degrés de la gamme.

N° 10.

N° 11.

EXERCICES EN *SI* ♭ MINEUR.

G. ACCORDS

H. Accord de quinte mineure combiné avec celui de tonique majeure.

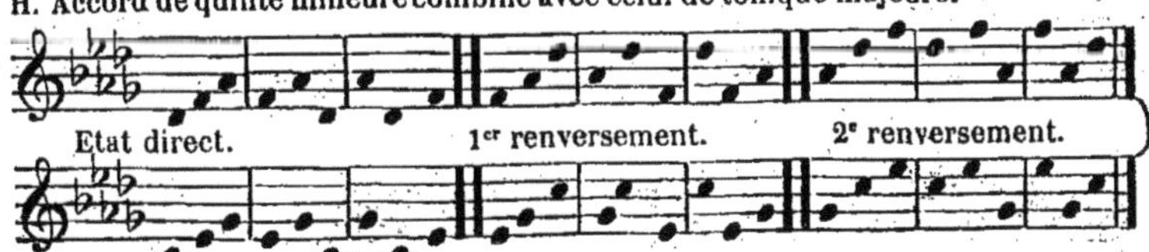

8ᴱ TABLEAU.

Sᴏʟ ♭ *majeur.*
Mɪ ♭ *mineur.*

Sᴏʟ *majeur.*
Mɪ *mineur.*

Fᴏʀᴍᴜʟᴇs 6 à 9, en *sol* ♭ majeur, contenant les combinaisons de la sous-dominante *ut* ♭ avec les autres degrés de la gamme.

Fᴏʀᴍᴜʟᴇs Nᵒ 4, 5, 14 et 15, en *mi* ♭ mineur.

Nᵒ 4. Contenant les combinaisons de la note *si* ♭ avec *la* ♭, *sol* ♭, *fa*, *mi* ♭.

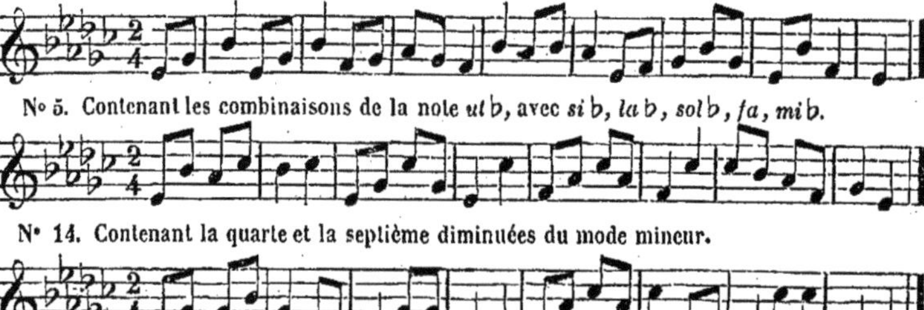

Nᵒ 15. Contenant la seconde et la quinte augmentées du mode mineur.

EXERCICES EN *SOL* ♭ MAJEUR.

a.

b.

c.

d.

e.

f.

N° 1.

N° 2.

N° 3.

EXERCICES EN *SOL* ♭ MAJEUR.

FORMULES 10 à 13, transposées en *sol* majeur, contenant les combinaisons de la sensible *fa* ♯ avec les autres degrés de la gamme.

EXERCICES EN MI ♭ MINEUR.

G. ACCORDS

H. Accord de quinte mineure combiné avec celui de tonique majeure.

EXERCICES PRATIQUES DE DURÉE.

ÉTUDES SUR L'UNITÉ DE DURÉE ET SES SUBDIVISIONS.

(Voir nos 109 à 134.)

Nº 10.

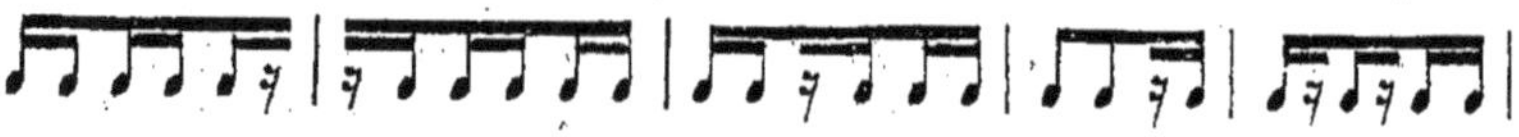

Nº 11.

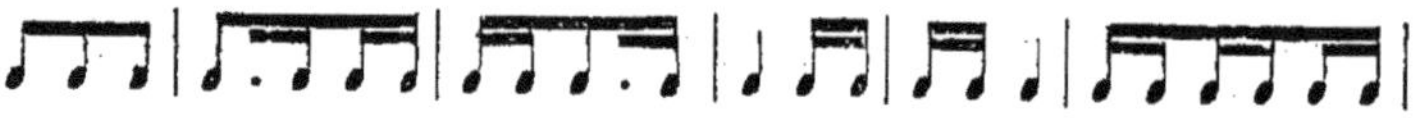

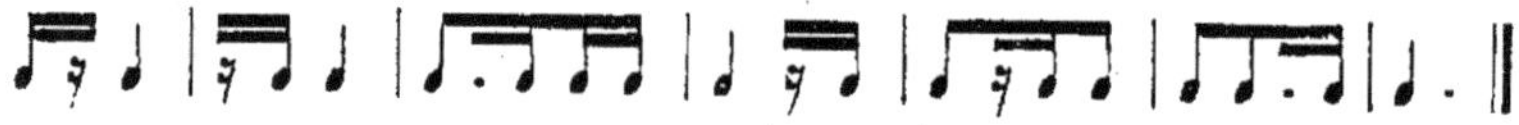

Nº 12.

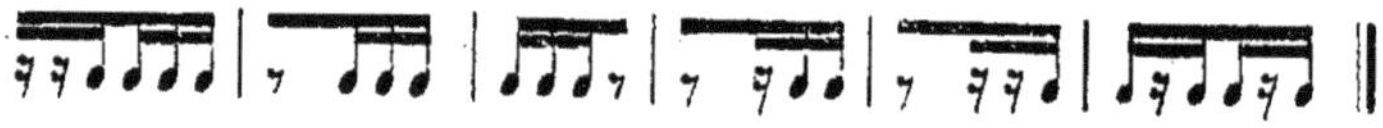

FORMULES RHYTHMIQUES
POUR SERVIR A L'ÉTUDE DE LA MESURE.

Nº 13. 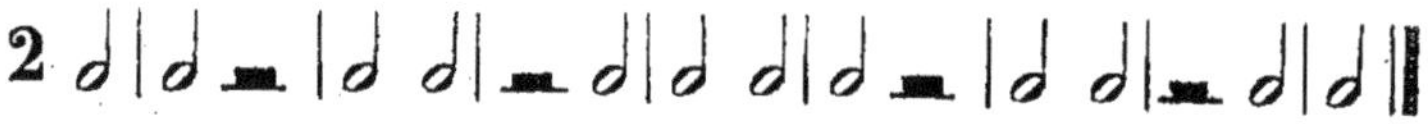 2

Nº 14. 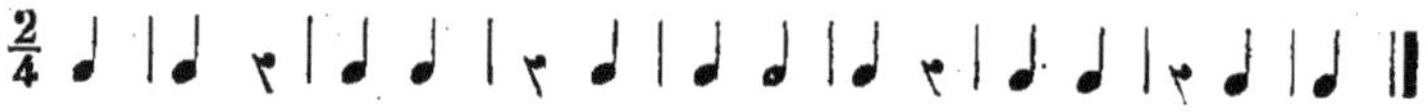 $\frac{2}{4}$

Nº 15.  3

Nº 16.  C

Nº 17.  $\frac{3}{8}$

Nº 18.  $\frac{6}{8}$

Nº 19.  $\frac{9}{8}$

Nº 20.  $\frac{12}{8}$

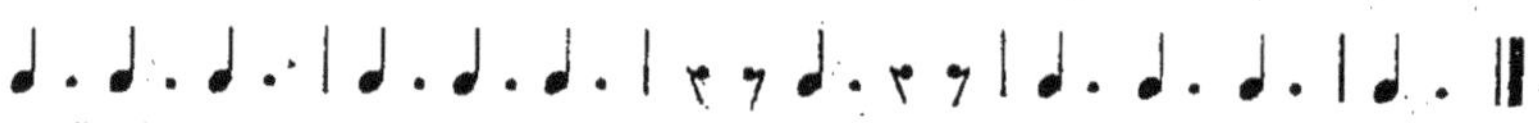

Les formules suivantes ont pour objet unique l'étude des effets de durée; *elles doivent être étudiées sans chanter*, comme les précédents exercices. Il né faut pas chercher dans ces phrases autre chose que des combinaisons rhythmiques auxquelles il est essentiel de s'habituer à appliquer des noms de notes au lieu de chiffres. Cette connaissance acquise, ainsi que celle de l'intonation, il ne restera plus qu'à les réunir progressivement à la lecture *à livre ouvert* des airs qui forment le troisième livre de cette Partie.

Ces formules, à l'exception des deux dernières, n⁰ˢ 53 et 54, sont divisées par séries de quatre.

Nous nous bornerons à indiquer en tête de chaque série les numéros de la théorie où se trouve décrite la manière dont l'étude doit en être faite.

FORMULES 29 A 32.

N° 29. (1re Etude, n° 160.) (2e Étude, n° 162.)

N° 30.

N° 31.

N° 32.

FORMULES 33 A 36.

N° 33. (1re Étude, n° 162.) (2e Étude, n° 167.)

N° 34.

N° 35.

N° 36.

FORMULES 37 A 40.

N° 37.   (1re Etude, n° 167.)   (2e Étude, n° 168.)

N° 38.

N° 39.

N° 40.

FORMULES 41 A 44.

FORMULES 45 A 48.

N° 51.
N° 52.
(Voir la formule n° 40).
N° 53.
(Voir la formule n° 34.)
N° 54.

EXERCICES.

1er Exercice.

2ᵉ EXERCICE.

3ᵉ EXERCICE.

www.ingramcontent.com/pod-product-compliance
Ingram Content Group UK Ltd.
Pitfield, Milton Keynes, MK11 3LW, UK
UKHW021003220726
13924UKWH00002B/871